LA ORACIÓN DEL CORAZÓN

ANDRÉ POISSON

LA ORACIÓN
DEL CORAZÓN
La oración teologal

Prefacio de Erik Varden

EDICIONES RIALP
MADRID

Título original: *La prière du coeur, la prière théologale*

© 2001 Association Auxiliare de la Vie Cartusienne
© 2025 de la versión española realizada por MIGUEL MARTÍN
    y LUCAS BUCH
    by EDICIONES RIALP, S.A.,
    Manuel Uribe 13-15 - 28033 Madrid
    (www.rialp.com)
© 2025 del prólogo *by* Erik Varden

ISBN (edición impresa): 978-84-321-7099-7
ISBN (edición digital): 978-84-321-7100-0
ISBN (edición bajo demanda): 978-84-321-7101-7
ISNI: 0000 0001 0725 313X
Depósito legal: M-10104-2025

Impreso en España   *Printed in Spain*
            Anzos, S. L. - Fuenlabrada (Madrid)

ÍNDICE

PREFACIO

Erik Varden

«¡Señor, enséñanos a orar!»[1]. Este grito conmueve el corazón de todo creyente. En la Escritura, aparece en un momento decisivo del Evangelio de Lucas, poco después de que Jesús enviase a 72 de sus discípulos «como corderos en medio de lobos» a proclamar su Evangelio, diciéndoles que no llevasen nada para el camino: ni bolsa, ni alforja, ni sandalias de repuesto. Lo único que debían llevar en abundancia era la paz. Y debían poseerla de tal modo que pudieran dejar en abundancia esa paz por dondequiera que pasaran, sin que sus reservas disminuyeran lo más mínimo. De esta paz brotaría la curación, y el perdón[2].

---

[1] Lc 11, 1.
[2] Lc 10, 1-11.

Los siervos del Príncipe de las Tinieblas, constitutivamente inquietos, no podrían nada ante esta paz, y serían arrancados de sus puestos. Cuando los 72 volvieron y contaron las grandes obras de las que habían sido instrumento, Jesús, que *es* paz, señaló: «Veía yo a Satanás caer del cielo como un rayo»[3]. Un único destello de luz fue todo lo que quedó de la gloria robada que había desplegado este agitador cósmico, sorprendido al ver sus huestes de espíritus perturbadores desarmadas por unos pobres hombres llenos de paz.

Los 72 eran conscientes de que la paz que portaban les sobrepasaba. Su fuente se encontraba fuera de ellos. Brotaba de la presencia de Jesús, quien les alarmaba cada vez más con ciertas predicciones sobre su inminente partida. ¿Cómo iban a seguir viviendo esa paz, y a permanecer en su órbita, cuando él no estuviera ya con ellos? La respuesta llegó un día, después del encuentro en Betania, durante el cual Jesús dijo a Marta, ajetreada, que su hermana María, que le oía sentada a sus pies, había «elegido la mejor parte»[4]. A la luz de estas palabras, los discípulos quedaron removidos «cuando vieron a Jesús haciendo oración» en cierto lugar. Él, su maestro

---

[3] Lc 10, 18. Cfr. Ef 2,14.
[4] Lc 10, 38-42.

y amigo, les manifestó lo que significaba eso de «la mejor parte». Les mostró con hechos, y no solo con palabras, lo que es una atención plena a la voluntad el Padre. De ese mismo modo deseaban los discípulos fundamentar su existencia. Cuando él terminó de orar, le dijeron, «¡Señor, enséñanos a orar!».

La respuesta de Jesús fue inmediata y precisa. Dio a sus discípulos la fórmula que conocemos como el *Padre nuestro*, que constituye el núcleo de la oración cristiana. Desde el comienzo de la Iglesia, grandes maestros de la fe lo han comentado, desplegando sus distintos aspectos. Leer los tratados de Padres como Tertuliano, Cipriano de Cartago y Agustín de Hipona es una excelente escuela de oración. De ellos brota el magnífico comentario contemporáneo sobre el *Padre nuestro*, inmerso en la tradición, que se halla en la cuarta parte del *Catecismo de la Iglesia Católica*, una fuente inagotable.

Claramente, la enseñanza de Jesús sobre la oración supone más que la entrega de un texto que ha de ser recitado. Lo que hizo que los discípulos desearan aprender la oración fue *ver* a Jesús orando. Las palabras de la oración, que impactan en nuestra inteligencia y orientan nuestra voluntad, se dirigen a que abramos del todo nuestro corazón y alcancemos la transformación de nuestro ser a la que nos atrevemos a aspirar, incluso en esta vida: «Llegar a ser partícipes de la naturaleza divina»[5].

Esta dimensión existencial de la oración ha atraído a mujeres y hombres generosos de todos los tiempos. Se refiere a la manifestación exterior de la verdad interior, sostenida por la fe, de que el hombre ha sido creado a imagen de Dios y que no encontrará la paz, ni la perfecta alegría, hasta que su potencial icónico, su capacidad de ser imagen, se realice plenamente en una divina *semejanza* que es obra de la gracia, hecha efectiva por la libertad humana. Esta dimensión de la oración se llama a veces "contemplativa". Algunos hablan de ella como "la oración de quietud", pues las palabras no son en ella lo principal, o como "la oración del corazón", en cuanto que, por ella, el intelecto desciende al corazón, donde la antropología de la Escritura pone el centro de la persona humana.

Nuestro patrimonio nos ofrece una gran riqueza de orientaciones sobre cómo avanzar en este camino de oración. De hecho, la inmensidad de recursos puede resultar abrumadora. ¿Qué "escuela" de oración debo elegir? ¿Debería seguir los íntimos consejos de san Juan de la Cruz, el misticismo litúrgico de los Cistercienses,

---

[5] 2 P 1, 4.

las exultantes efusiones de san Francisco? ¿O sumergirme en el mar sin orillas de la *Filocalia*? ¿Y cómo puedo practicar responsablemente una profundización en la oración, manteniéndome en guardia tanto del autoengaño como de las ilusiones del diablo, que intenta hacer tropezar a los que buscan crecer en santidad?

Lo ideal sería contar con un guía experimentado, alguien que haya recorrido el paisaje en el que nos disponemos a entrar, que conozca sus senderos y peligros. Pero esos guías son difíciles de encontrar. No faltan personas con un diploma en "dirección espiritual": los hay a montones. Pero un verdadero padre o madre espiritual es una rareza. Siempre lo fue; pero quizá la escasez sea especialmente aguda en nuestros días.

Por eso los libros dignos de confianza son una bendición. Un libro no puede sustituir una conversación; pero la inmersión en el testimonio de un hombre o una mujer de Dios puede *llegar a ser* una conversación. De algún modo, una palabra que lleva el mensaje de la verdad hecho carne, transmite una presencia. Exponerse a esa presencia puede convertirse en una genuina amistad.

El siglo pasado dejó algunos libros muy valiosos. Atreverme a señalar algunos podría resultar arriesgado, pues habría otros que pasara por alto, o que simplemente no hubiera llegado a conocer. Con todo, quisiera mencionar unos cuantos que han sido beneficiosos para mí. Quizá puedan ayudar también a otros. Pienso en las *Cartas espirituales* del abad John Chapman[6]; en *Escuela de oración*, del metropolita Anthony Bloom[7]; en *La vida espiritual y la oración*, de la madre Cécile Bruyère[8]; en *En tus manos, Padre,* un libro del carmelita Wilfrid Stinissen[9]. Ahora bien, ningún texto me ha ayudado tanto como el que se contiene en este volumen. Lo descubrí en una librería parisina hace un cuarto de siglo, en una edición pobremente encuadernada que está agotada desde hace tiempo. La fragilidad del volumen contrasta con la sustancia de su contenido. Me proporcionó un alimento del que tenía un hambre voraz. Hubo un tiempo en que me sabía este texto más o menos de memoria.

---

[6] J. Chapman, *The spiritual letters of Dom John Chapman O.S.B.*, London: Sheed and Ward 1946, 2nd enlarged edition.

[7] A. Bloom, *School for prayer*, London: Darton, Longman & Todd 1970.

[8] C. J. Bruyère, *La vida espiritual y la oración. Según la sagrada Escritura y la tradición monástica*, Barcelona: Editorial Litúrgica Española 1959.

[9] W. Stinissen, *Into Your Hands, Father. Abandoning Ourselves to the God Who Loves Us*, San Francisco: Ignatius Press 2011.

Sus dos partes están fechadas: la primera en la Navidad de 1983, la segunda en el Adviento de 1988. Estas referencias son significativas. Aquí se presenta una explicación de la oración que está enraizada en el misterio del Dios hecho hombre. Un misterio que fue revelado en el Evangelio y definido con precisión en el Concilio de Nicea, cuyo 1700.º aniversario celebramos este año: una llamada a apreciar con nueva frescura las consecuencias que tiene para la naturaleza humana la encarnación del Verbo.

Cuando se publicó por primera vez, en el año 2001, apareció sin firma. Se designaba discretamente al autor como "un Cartujo", siguiendo la costumbre de una Orden que prefiere no exponer a sus monjes. Ahora tenemos la libertad de decir quién era. Se llamaba Dom André Poisson. Era un hombre de la generación de mis abuelos. En los archivos de la Gran Cartuja, su biografía se resume con una concisión cartujana:

Étienne Poisson nació en Douces, en Maine-et-Loire, el 28 de febrero de 1923. Después de realizar estudios en la Escuela Politécnica, hizo su primera profesión en la Gran Cartuja el 2 de febrero de 1948, la profesión solemne el 6 de octubre de 1953. Fue ordenado sacerdote el 13 de marzo de 1954. Fue nombrado sub-procurador en 1957, procurador en 1961. El 8 de mayo de 1967, fue elegido prior y general de la Orden, dedicándose al *aggiornamento* de la Orden siguiendo las indicaciones del Concilio Vaticano II. Renunció en 1997. El Capítulo General de ese año le envió como prior a la Cartuja de la Transfiguración [en los EE. UU.] por dos años. De ahí fue a Vedana [en Italia], como capellán de unas monjas Cartujas, en 1999. Habiendo vuelto a la Gran Cartuja en mayo de 2001, falleció ahí el 20 de abril de 2005[10].

A nuestra natural curiosidad le gustaría saber más: la historia de su vocación, sus gracias y pruebas espirituales. Estamos ávidos de hacernos una idea de su personalidad; de saber cómo valoró los desarrollos en la Iglesia y en el mundo durante su largo ministerio, que atravesó décadas turbulentas. Pero nada de esto es esencial. Todo lo que *necesitamos* conocer de Dom Poisson está contenido en el texto que tienes en las manos. Es un pequeño librito, casi un folleto. Sin embargo, en estas páginas encontrarás una profundidad concentrada de contenido cuya expresión hubiera requerido muchas más páginas a cualquier escritor que fuera menos sabio, menos

---

[10] El texto lo proporcionó amablemente el prior de la Gran Cartuja.

humilde, menos elocuente. Tenemos aquí el destilado de una experiencia íntima, presentado con gracia y lucidez, con una mezcla de autoridad y retraimiento. La autoridad brota del estatus del texto como testimonio: «Esto», se nos da a entender, «es lo que el Dios vivo me ha hecho saber, y para agradecérselo doy mi testimonio». El retraimiento brota de saber que el misterio de Dios trasciende, por definición, cualquier explicación particular: «Ese ha sido mi camino», parece decir el autor, «y lo comparto por si sirve de algo, pero tú has de encontrar tu propio camino, y Dios te ayudará si le dejas, y confías en él».

Dom Poisson escribió estos dos breves tratados en forma de cartas. Cada uno de nosotros puede leerlas como dirigidas a sí mismo, a sí misma. En términos de contenido, se explican por sí solas. No necesitan una interpretación de mi parte; con mi innecesaria palabrería podría interferir en su elegante esencialidad. Simplemente me alegra poder recomendar de todo corazón este pequeño libro. Abrió mis ojos a «la insondable riqueza de Cristo»[11]; atravesó mi corazón con la luz de una confianza que antes solo conocía de modo teórico; y me dio una idea de lo que podría realmente significar profesar la fe de la Iglesia, definida en

___
[11] Ef 3, 8.

Nicea: «Creo en la resurrección de la carne». Lo pudo hacer porque su autor habla con autoridad, de cosas que conoce de primera mano.

Otro Cartujo del siglo veinte ha escrito que un contemplativo es «un hombre ebrio de agua pura bebida de la misma fuente»[12]. Este libro te ofrece un mapa que apunta directamente a la fuente, así como al cubo y a la cuerda que necesitas para sacar el agua por ti mismo. Acércate y bebe, en tragos profundos. Entonces llegarás a entender lo que Jesús quería decir al dirigirse a la mujer Samaritana: «El que beba del agua que yo le daré no tendrá sed nunca más, sino que el agua que yo le daré se hará en él fuente que salta hasta la vida eterna»[13].

+fr. Erik Varden OCSO
Epifanía 2025

---

[12] Dom Jean Baptiste Porion, *Lettres et écrits spirituels,* documentos inéditos reunidos y presentados por Nathalie Nabert (Beauchesne, Paris 2012), p. 291.

[13] Jn 4, 14.

LA ORACIÓN DEL CORAZÓN

INTRODUCCIÓN

Me has pedido que te hable de la Oración del Corazón. Hace algunos años me plantearon la misma cuestión, pero contesté que no quería lanzarme a hablar de un asunto que no conocía suficientemente. Desde entonces, ha pasado el tiempo. He adquirido algo de experiencia, ya sea de lo que he podido observar en otros, ya de los descubrimientos que he podido hacer en mi propia búsqueda del Señor. Así pues, voy a confiarte aquí algunas reflexiones, pero con el ruego de que no les des demasiada importancia.

Tú sabes que la Oración del Corazón es el fruto de una larguísima experiencia en la Iglesia Oriental. Lo que voy a decir tiene ciertamente algunos puntos en común con esa tradición, pero me doy cuenta de la manera tan personal con que la presento. Tal vez lo que exponga no sea la verdadera Oración del Corazón.

No pretendo establecer un marco rígido, una estructura fija. Más bien, querría indicar una dirección, un camino que es preciso seguir, pero cuyo final no es posible prever exactamente. La Oración del Corazón no es una meta que se alcanza. Es una manera de ser, una manera de ponerse a la escucha y avanzar.

Para empezar, antes de seguir leyendo, te propongo que entres en oración y pidas al Espíritu del Señor que nos ilumine a los dos, pues no tengo otro deseo que el de ayudarle a iluminar nuestros corazones.

ABBA, SANTIFICADO SEA TU NOMBRE

Cuando me pongo a orar, no me dirijo al Dios de los filósofos, ni siquiera, en cierto sentido, al Dios de los teólogos. Me dirijo a mi Padre, o más bien a nuestro Padre. Más exactamente, me dirijo a Aquel a quien Jesús llamaba, con toda intimidad, *Abba*. Cuando sus discípulos le piden que les enseñe a orar, el Señor dice simplemente: «*Cuando oréis, decid:* Abba...». Llamar así a Dios es tener la certeza de que somos amados. Una certeza que no pertenece al orden de las ideas adquiridas con el estudio, sino que se mueve en el orden de la convicción íntima. Quizá tengamos la impresión de que hemos alcanzado esa certeza —la Fe— después de ciertas reflexiones, de la meditación, de la escucha interior; pero, en último término, esa certeza es un don. Creemos que hay amor en nuestro corazón, porque el Padre mismo nos ha enviado su Espíritu, al ser glorificado su Hijo.

Precisamente porque el Padre me ama, puedo dirigirme a Él con toda seguridad y confianza. No lo hago apoyado en mis méritos, ni en buenas razones, sino que acudo confiando en la ternura infinita del *Abba* de Jesús por su Hijo, ese *Abba* que es también el mío.

Él es Padre. ¿Qué quiere decir eso? Él da la Vida. La da, no como quien ofrece un objeto distinto de sí mismo. La da, dándose a sí mismo. El único don que puede ofrecer es su propia Persona, y lo que resulta de ese don es un Hijo. Un Hijo que le ama sin medida. Un Hijo por el cual no siente más que ternura y que, a cambio, no es más que ternura para su Padre.

Ese es el *Abba* a quien yo me dirijo. El Único que puede darme la vida, una vida perfectamente calcada a la suya. Él me quiere, en el instante presente, a su imagen y semejanza, pero no por una especie de revestimiento exterior a mí, sino porque me engendra a partir de su propia sustancia.

Eso es lo que quiero decir cuando le pido: «*Abba, santificado sea tu Nombre*». Que Tú seas perfectamente Tú mismo —*Abba*— en mí. Que tu Nombre de Padre se realice perfectamente en la relación que se construye entre nosotros. *Abba*, yo te pido que seas mi Padre, que me engendres a tu imagen y semejanza, por puro amor, para que yo, a cambio, pueda convertirme, por pura gratuidad de tu parte, en ternura "hacia Ti".

La Oración del Corazón consiste simplemente en encontrar el camino que me permita tener hacia el Padre aquella actitud por la cual Él podrá santificar su Nombre en mí. En mí y en todos sus hijos. En su único Hijo, compuesto del Único y de todos sus hermanos.

Orar es acoger al Padre y participar en esta vida que Él nos da por gracia. Acoger al Padre, esto es, permitirle que engendre al Hijo, que haga nacer su Reino en mi corazón. Así, el Espíritu podrá producir entre mí mismo y el Padre unos lazos indestructibles, lazos de unidad llamados a extenderse a todos mis hermanos.

***

¿Qué camino hemos de tomar para alcanzar este encuentro, al que aspiramos, con el Padre? ¿Qué facultad ha puesto Él a nuestra disposición para eso? ¿Es la inteligencia, la capacidad de conocer y de razonar? Escuchemos la respuesta de Jesús: «*Yo te alabo, Padre, Señor del cielo y de la tierra, porque has ocultado estas cosas a los sabios y prudentes y las has revelado a los pequeños. Sí, Padre, porque así te ha parecido bien*» (Mt 11, 25-26). Parece sorprendente: el camino está cerrado para los inteligentes, para los que saben pensar y calcular. No es a ellos a quienes Dios tiene reservado revelar sus secretos.

Con todo, ¿no nos ha dado Dios nuestra cabeza, nuestra capacidad de pensar, de representarnos las cosas, de imaginarlas, como un medio para entrar en contacto con los demás?

Es verdad, Dios nos ha dado esas facultades. Son buenas. Son indispensables. No las despreciemos. No las subestimemos. Pero sepamos reconocer sus límites.

Cuando pienso en un problema —digamos, más bien, en una persona cercana— con mi cabeza, y no con mi corazón, la mantengo a cierta distancia de mí. La capto, la manejo, de modo que la puedo analizar todo lo que quiera, sin comprometerme con ella. En el fondo, no me implico; guardo la distancia; conservo mi seguridad en relación con esa persona. Así, hago todo lo que puedo para conocerla sin dejarme "arrastrar, contaminar" por el dinamismo que puede brotar del corazón de esa persona. Quiero permanecer libre en relación con ella. En algunos casos, esta forma de hacer puede ser buena. Si quiero amar, ciertamente no es la vía que he de seguir.

Jesús continúa su enseñanza: «*Todo me lo ha entregado mi Padre, y nadie conoce al Hijo sino el Padre, ni nadie conoce al Padre sino el Hijo y aquel a quien el Hijo quiera revelarlo*» (Mt 11, 27). «*Todo me lo ha entregado mi Padre*»: eso quiere decir que entre el Padre y el Hijo ha sido abolida toda distancia. Ninguno de los dos ha querido conservar su seguridad en relación con el otro. Han aceptado implicarse recíprocamente. Y así pueden conocerse uno a otro con aquel conocimiento de amor que se presenta como un misterio del cual solo pueden participar los iniciados: «*Nadie conoce al Hijo sino el Padre, ni nadie conoce al Padre sino el Hijo*». Nadie conoce, porque nadie abre su corazón. Y si nosotros queremos conocer al Padre, es preciso que aceptemos recibir este conocimiento del Hijo, en la medida en que Él vea que nuestro corazón está preparado para acogerlo.

Para conocer verdaderamente a Dios, es preciso renunciar a mis seguridades. Debo eliminar la distancia que el pensamiento y todas las representaciones me permitían guardar en relación con Él. Debo reconocer que soy vulnerable. He de aceptar a plena luz esa vulnerabilidad que yo escondía tan bien, vivirla, es decir, dejar que se expresen las verdaderas reacciones de mi corazón. A partir de ese momento, me será posible entrar en relación con el Padre y el Hijo… y con todos mis hermanos humanos.

Concretamente, eso quiere decir que debo estar dispuesto a situarme en el nivel de mi corazón. Debo darle el derecho a existir, a manifestarse, a expresarse según el modo que le es propio, o sea, a través de los sentimientos profundos: la confianza, la alegría, el entusiasmo, pero también el miedo, a veces la angustia, la cólera. Esto no significa vivir en el nivel de la sensibilidad superficial. Al contrario, significa aceptar que se desarrollen en nosotros esos movimientos profundos que nos llevan a encontrar verdaderamente al otro. En eso consiste ser "un pequeño": expresarse espontáneamente y dejarse llevar por el amor de aquel que tenemos delante. ¡Cuánto nos cuesta tener la valentía de ser pequeños!

Estas reflexiones se sitúan tanto en la línea del Evangelio como en la de un proceso psicológico normal. Los dos niveles son evidentemente distintos, pero se complementan y se compenetran. Hemos de llegar a percibir todo a través de la mirada de amor de Jesús por sus criaturas e incluso por las Personas divinas. Eso es lo que llamo "ver con el corazón": aceptar que el Hijo me revele al Padre en el único nivel en que soy capaz de asumir esta revelación, es decir, en el nivel en que, según mi ser humano, hay en mí una imagen de la relación de intimidad que existe entre el Padre y el Hijo, en mi corazón.

LA PURIFICACIÓN DEL CORAZÓN, PURIFICACIÓN DE TODO EL SER POR EL CORAZÓN

No es necesaria una larga experiencia de la condición humana —y menos aún de la vida espiritual— para saber que somos prisioneros de un mundo casi ilimitado de desorden: pecados, desequilibrios afectivos, heridas no cicatrizadas, hábitos malsanos, etc. En todo eso consisten las impurezas de nuestro corazón.

Enseguida nos damos cuenta de que el lenguaje de nuestro corazón se encuentra en el nivel de nuestras emociones. Todos los desórdenes que acabo de mencionar conducen a emociones desajustadas: se expresan casi sin que nos demos ni cuenta; nos dominan, nos desgarran, nos cierran a Dios; nos atan a una especie de automatismo del mal. ¡Y todo eso viene de nuestro corazón!: *«Lo que sale de la boca procede del corazón, y eso es lo que hace impuro al hombre. Porque del corazón proceden los malos pensamientos, los homicidios... Estas cosas son las que hacen al hombre impuro»* (Mt 15, 18-20). Si quiero apartar la inmundicia de mi ser, primero debo purificar mi corazón.

Ante esta urgente necesidad de rectificación, acudimos normalmente a lo que se podría llamar "la ascesis clásica". Es una técnica probada, desarrollada por muchas generaciones de monjes, de cristianos, de hombres de buena voluntad, decididos a liberarse de las cadenas que les esclavizan. Se trata de una práctica que se sirve de todos los recursos de nuestra voluntad, de nuestra energía y de nuestra perseverancia, desplegándolos a la luz de la fe y del amor. Esta ascesis tiene sus ventajas, y no se ha de prescindir nunca de ella. Pero tiene también sus límites.

En particular, en lo que concierne a la auténtica purificación del corazón, es preciso ir más allá de estas técnicas humanas. Sobre este punto, releamos las sugerencias de san Bruno a su amigo Raúl: *«¿Qué hacer entonces, querido amigo? ¿Qué hacer sino creer en los consejos divinos, creer en la Verdad que nunca engaña? Pues bien, ella da este consejo a todo el mundo: "Venid a mí todos los fatigados y agobiados, y yo os aliviaré"* (Mt 11, 28). *¿No es una pena espantosa e inútil estar atormentado por los deseos, sufrir sin cesar por las preocupaciones y las angustias, por el temor y el dolor que engendran esos deseos? ¿Qué carga puede haber más pesada que esa, que, en pura injusticia, arrastra con su peso al espíritu de su sublime dignidad hasta la mayor bajeza?»* (A Raúl 9). Así pues, hay una forma de purificación en la que, antes que nada, es preciso volverse hacia Jesús, ir a Él, para que nos conforte. Él mismo nos dirige esa invitación precisamente después de habernos pedido que renunciemos a ser sabios e inteligentes, para hacernos pequeños. Entrar en la vía del corazón es reconocer que la única pureza verdadera es un don de Jesús.

«Llevad mi yugo sobre vosotros y aprended de mí que soy manso y humilde de corazón, y encontraréis descanso para vuestras almas» (Mt 11, 29). La purificación fundamental se produce desde el momento en que todas las inmundicias, todos los desórdenes que me afligen van al encuentro de Jesús. No es una tarea más fácil que la ascesis clásica, pero es más eficaz, pues nos obliga a establecernos en la verdad. Por una parte, la verdad sobre nosotros mismos, que nos vemos obligados a abrir los ojos a la realidad de nuestro pecado. Por otra, la verdad sobre Jesús, que es el Salvador

de nuestras almas no ya de una manera general y lejana, sino en un contacto inmediato y concreto con cada una de las inmundicias que nos afligen. Es preciso que aprenda a ofrecérselas, a entregárselas de modo irrevocable, sea por las mismas circunstancias que me mueven a hacerlo, sea por un movimiento profundo de mi corazón que quiere por fin recuperar su verdadera libertad.

Así pues, cada vez que descubro en mí uno de esos lazos que me paralizan, lo más importante no es que salga a guerrear contra esa servidumbre particular, ya que, en la mayoría de los casos, tendría que contentarme con cortar las ramas sin alcanzar las raíces. Lo más importante es exponer esas raíces, sacarlas a la luz, por muy feas que sean, por desagradable que resulte verlas. Se trata precisamente de asumirlas en su realidad y poder, por un gesto libre y consciente, ofrecerlas al Salvador. En este contexto, no existe ningún riesgo de que la invocación clásica —«*Jesús, Hijo de Dios vivo, ten piedad de mí, pecador*»— se convierta en una vana repetición. Más bien, es la constatación indefinidamente renovada de que va a tener lugar un nuevo encuentro entre el Corazón purificador de Jesús y mi sucio corazón.

Es evidente que, en ese proceso, hay un elemento de pura psicología humana, pero ¿qué tiene eso de extraño? La obra de la gracia, ¿no se modela siempre sobre las estructuras de la naturaleza? En el caso presente, esta se convierte en el soporte de la Redención, que viene a realizar en mi corazón la transformación, la cicatrización de las heridas por el encuentro personal con Jesús resucitado. Así, progresivamente, adquirimos el hábito de volver a Él una y otra vez, sobre todo a partir de todo lo que, en nosotros, es oscuro, tenebroso, inquietante.

Al inicio, esta actitud del corazón causa temor. Nos han dicho demasiadas veces que no se puede ofrecer al Señor más que cosas buenas, hermosas. Todo lo que no sea un acto de virtud no se le puede presentar. Pero, pensando de ese modo, ¿no contradecimos la verdad del Evangelio? Jesús mismo afirma que no ha venido para los sanos sino para los enfermos. Es preciso, pues, sin falsa vergüenza, aprender a ser ante el médico divino auténticos enfermos que reconocen lealmente todo lo que en ellos hay de falso, de mentiroso, de opuesto a Dios. Solo Él puede curarnos.

**

Mi cuerpo, lugar de encuentro con el Verbo, templo del Espíritu

A menudo preferiríamos tomar la fórmula "Oración del Corazón" de manera simbólica. Hablar del corazón sería una manera figurada de evocar algo interior, y por tanto espiritual. Pero eso no es exacto. Los movimientos del corazón que constituyen el soporte de nuestra relación con el Padre están ligados a nuestro ser sensible, material. Sabemos por experiencia —a veces incluso a costa de nuestra salud— que las emociones verdaderamente profundas afectan a nuestro corazón físico. Resulta imposible entrar en la oración del corazón si no aceptamos vivir de manera verdaderamente consciente y voluntaria en el nivel de nuestro cuerpo.

Dios nos ha hecho así. El relato del *Génesis* nos muestra a Yahvé modelando al hombre a partir del polvo de la tierra y, a la vez, afirmando con gran seguridad que este ser material es verdaderamente a su Imagen y Semejanza. Nuestro cuerpo no es un obstáculo para nuestra relación con Dios. Al contrario, es obra de Dios, que nos ha constituido como hijos y nos ha llamado a recibirle en herencia.

Toda la economía de la Encarnación del Hijo de Dios nos coloca en la misma perspectiva. La

Iglesia de los primeros siglos se batió en una lucha encarnizada por defender esta realidad: que Jesús es verdaderamente hombre. Que nació en la carne, que vivió, que enseñó, que sufrió, que murió y que resucitó.

Son las obras humanas del Verbo las que nos dieron y continúan dándonos la vida a diario. La Palabra de Dios viene a nosotros con palabras humanas. Nuestro pecado no es purificado de manera simbólica, sino por una efusión de sangre, la sangre que brota del Cuerpo de Jesús. Verdaderamente Él murió y resucitó en su carne. Esta resurrección material salva tanto nuestras almas como nuestros cuerpos.

Finalmente, el Espíritu no nos fue dado más que a partir de la resurrección corporal del Hijo. Es Él, el Hijo de María, quien nos envía el Espíritu desde el seno del Padre. No es el Verbo increado quien lo hace, sino el Verbo encarnado, después de haber compartido nuestra existencia y haberse hecho uno de los nuestros.

Experimentamos esta encarnación cada día, mediante los Sacramentos, la Liturgia, la vida comunitaria, la pertenencia al Cuerpo de la Iglesia. Todo eso es el fundamento inmediato, la presencia de la realidad corporal de Cristo en nuestras vidas. Sepamos, pues, acoger a Jesús tal como viene a nosotros, es decir, dirigiéndose a nosotros en nuestro cuerpo. No nos apresuremos a desembarazarnos rápidamente de este intermediario, que tendemos a considerar un poco como una impureza en nuestras relaciones con Dios. No es verdad: no es una impureza, es el lugar mismo del encuentro con nuestro *Abba*.

Así como a nosotros los monjes nos es imposible acercarnos a la vida de comunidad como si nuestros hermanos fuesen seres desencarnados, espíritus puros, a los que tendríamos que dirigirnos más allá de sus envolturas carnales, de igual modo constituiría un rechazo de la realidad del Amor de Dios convertir en una abstracción la realidad carnal, material, tangible, del Hijo que viene a nosotros. La Eucaristía, que celebramos cada día, es verdaderamente la celebración de un acto que ha supuesto transformaciones profundas en el Cuerpo y en la Sangre de Cristo. No los abandona ni los trasciende, sino que les da su más pleno significado: son una realidad material que es el Hijo de Dios. De la misma manera, nuestro cuerpo, con su pesadez, sus limitaciones, sus constricciones, es la realidad de lo que somos. Es mi cuerpo el que entra en contacto con esta otra realidad de la que Jesús ha dicho: *«Esto es mi Cuerpo»*. Es el encuentro entre estas dos realidades corporales lo que establece el contacto de Vida entre Dios y yo. *«Si no coméis la carne del*

Hijo del Hombre y no bebéis su sangre, no tendréis vida en vosotros [...]. *Igual que el Padre que me envió vive y yo vivo por el Padre, así, aquel que me come vivirá por mí*» (Jn 6, 53.57).

La consecuencia de todo esto es que yo no puedo orar sin orar en mi cuerpo. Cuando me dirijo a Dios no puedo hacer abstracción de mi realidad encarnada. El hecho de que se me impongan unos gestos o me constriñan unas condiciones materiales al dirigirme a Dios no es una mera cuestión de disciplina religiosa. Todo eso corresponde a una única realidad: Dios me ama tal como Él me ha hecho. ¿Por qué debería yo querer ser más espiritual que Él?

Así aprendo a vivir con mi cuerpo, con todas las constricciones que me impone. La alimentación, el sueño, el descanso, la enfermedad, los límites de mis fuerzas... Estas cosas no son un obstáculo entre Dios y yo; al contrario, constituyen la trama del tejido que establece una perfecta continuidad entre lo más íntimo de la realidad divina y lo más concreto de mi existencia cotidiana. ¿Quién no ha tenido la experiencia, a veces muy dolorosa, de sentirse limitado, casi prisionero, por ejemplo, por sus problemas de salud? Si nuestro corazón es leal, no podemos decir más que una cosa: es Dios quien viene a mí a través de estas dolorosas constricciones. Son realmente el punto de inserción del Amor de Dios en nuestra vida. Nuestro corazón acoge a Dios en la medida en que permanece atento a esta realidad que nos gustaría considerar inferior a nuestra vocación espiritual. Permanezcamos en guardia ante la permanente mentira que el Príncipe de la mentira intenta instilar en nuestros corazones. No juguemos a ser espíritus puros; sepamos ser algo mucho mejor: somos los hijos pequeños de Dios.

***

El Espíritu ora en mí

Hablamos de orar. ¿Pero sabemos orar? ¿Sé en qué consiste la verdadera oración? Honestamente debo admitir que no lo sé. Siento en mí una llamada profunda que va en una dirección, pero estoy a oscuras.

Por suerte, «*el Espíritu acude en ayuda de nuestra flaqueza: porque no sabemos lo que debemos pedir como conviene; pero el mismo Espíritu intercede por nosotros con gemidos inefables. Pero el que sondea los corazones sabe cuál es el deseo del Espíritu, porque intercede según Dios en favor de los santos»* (Rm 8, 26-27).

La oración está en mi corazón. Brota de mi corazón. Y, sin embargo, no es obra mía. El Espíritu me ha sido dado; está derramado en mi corazón y ora en mí. El Espíritu viene del corazón de Dios, deseoso de encender en mi corazón la misma llama que en el suyo.

Conocemos todos los pasajes de san Pablo que nos lo repiten, pero quizá tenemos una tendencia exagerada a considerarlos de una manera puramente teórica. Para expresarnos de modo más noble, podemos decir que las vemos como "realidades de fe": cosas de las que hablamos con convicción, pero que vivimos en una total oscuridad. Así, la presencia del Espíritu en mi corazón sería algo situado únicamente en el nivel de Dios, y con la que solo podría entrar en comunión a través de fórmulas intelectuales. La realidad misma escaparía totalmente a mi experiencia. ¿Es realmente eso lo que quiere decir san Pablo?

Contra lo que tiene de excesiva la actitud anterior, ¿habría que exigir que toda existencia cristiana auténtica fuera *una experiencia* del Espíritu, como la que tuvieron los Apóstoles al recibir las lenguas de fuego la mañana de Pentecostés? Esa no ha sido nunca la enseñanza de la Iglesia. Pero entre estos dos extremos se sitúa una actitud verdadera, accesible a todos los cristianos: la presencia del Espíritu en nuestras vidas es una realidad que tiene una influencia directa en nuestra manera de ser, en nuestras relaciones de amor con nuestros hermanos, en nuestra oración.

Si volvemos a las distintas etapas de las que hemos hablado, se constata una progresión. Renunciar a considerar como centro de nuestra oración el nivel de la cabeza, de las representaciones, de los sistemas de pensamiento. Entrar en nuestro corazón. Descubrir ahí un mundo desordenado de emociones y de heridas que nacen de nuestro corazón, y que necesitan ser purificadas. Hemos descubierto que existe una posibilidad efectiva de integrar todas esas heridas de nuestro corazón en el movimiento de la Redención, haciéndolas salir a la luz, de manera que podamos ofrecerlas conscientemente a la acción redentora de Jesús.

Así, sin haberlo dicho, hemos llegado a hablar de un movimiento del Espíritu en nosotros. Si podemos seguir las etapas que acabo de señalar, es que realmente el Espíritu del Señor está actuando en nosotros, y nos permite desenredar, en la red compleja de nuestras emociones, lo que —con paciencia y perseverancia— podemos ofrecer a la gracia de purificación y de resurrección del Salvador. Todo esto es ya una obra del Espíritu.

Continuemos entonces en la misma línea. Más allá de todos estos movimientos desordenados del corazón —sobre todo desde el momento en que la obra de Jesús empieza a restablecer el orden—, reconocemos movimientos menos desordenados que, progresivamente, terminan por estar del todo ordenados. Así, sin que nos demos cuenta, el fondo de nuestro corazón aprende a ponerse espontáneamente en marcha hacia el Señor. Solo después, mirando lo sucedido, constatamos que el Espíritu del Señor estaba de hecho, discreta y silenciosamente, actuando en el fondo de nuestro corazón. A medida que la paz se va estableciendo en las profundidades, se pone en marcha un cierto dinamismo misterioso con el que hemos de aprender a cooperar.

Así es como aprendemos a asumir *todos* los movimientos de nuestro corazón —los buenos, los menos buenos e incluso los malos— para orientarlos hacia Dios. Unos vienen directamente del Padre y vuelven a Él. Los demás necesitan ser transformados, asumidos por la muerte y la resurrección de Jesús. Todos exigen ser integrados conscientemente en este dinamismo del Espíritu derramado en nuestros corazones. Se trata de aprender a estar atentos a los movimientos de nuestro corazón, de manera que los podamos unir voluntaria y conscientemente a la acción del Espíritu Santo que habita en nosotros.

Todo esto no implica ninguna "gracia mística". Se trata solo de tomar conciencia, con suavidad y sencillez, de que nuestro corazón está vivo, y que esta vida podemos ofrecerla al Espíritu Santo para que Él la lleve en su movimiento hacia el Padre.

San Pablo dice que el Espíritu ruega en nosotros con gemidos inexpresables. Prestemos atención a este punto. La acción normal del Espíritu no es darnos ideas claras, ni luces, ni siquiera darnos alguna cosa. La acción del Espíritu es llevarnos hacia el Padre: «*Los que son guiados por el Espíritu de Dios, estos son hijos de Dios. Porque no recibisteis un espíritu de esclavitud para estar de nuevo bajo el temor, sino que recibisteis un Espíritu de hijos de adopción, en el que clamamos: "¡Abba, Padre!" Pues el Espíritu mismo da testimonio junto con nuestro espíritu de que somos hijos de Dios*» (Rm 8, 14-16). El Espíritu es un testigo; es un dinamismo que nos lleva. No intentemos circunscribirlo, identificarlo, captarlo para controlarlo. Eso sería expulsarle de nuestro corazón; sería apagarlo. Démosle toda la libertad para orar en nosotros a su manera: una manera velada, escondida y misteriosa, que advertimos por sus frutos. En la medida en que constatemos que aprendemos a orar, que —sin saber por qué— hemos sido capaces de pedir a Dios y de ser escuchados, tendremos ahí una señal de que, a pesar de todas nuestras debilidades evidentes, el Espíritu ora en nosotros.

***

Mi debilidad, lugar donde descubro y encuentro la ternura del Padre

Retomemos aquí algunas orientaciones mayores de lo que hemos ido diciendo. Dispongámonos a retomarlas y darles unidad, pues representan una actitud fundamental de la oración del corazón.

El reflejo espontáneo de todo ser humano es temer sus debilidades. Desde el momento en que constatamos que, en un punto u otro, no podemos contar con nuestras propias fuerzas, tiende a establecerse en nosotros una inquietud que puede, incluso, convertirse en angustia. Ahora bien, todo lo que hemos dicho hasta ahora nos lleva a perder nuestras seguridades personales, pues hace que aparezcan lo que hemos llamado nuestra vulnerabilidad, nuestros desórdenes escondidos, las limitaciones propias de nuestra condición de criatura, etc. Y, cada vez, nos decimos a nosotros mismos que no hay más que una solución: reconocer la realidad de lo que somos y dejar que el Señor se haga cargo de ella.

Recordemos el episodio de la tempestad calmada. Los Apóstoles entran en pánico por el temporal que sacude su barca y van a despertar a Jesús. Él se vuelve hacia ellos y les pregunta asombrado: *«¿Por qué os asustáis, hombres de poca fe?»* (Mt 8,26). Luego, con un gesto, calma las olas.

¿Por qué, entonces, tener miedo de mis debilidades? Existen. Durante mucho tiempo me he resistido a afrontarlas. Poco a poco, empecé a domarlas. Pero ahora he de reconocer que forman parte de mí mismo. No son un accidente exterior del que algún día podré desembarazarme definitivamente. Más aún, si quisiera olvidarlas, el Padre se encargará rápidamente de recordármelas. Permitirá una falta, ante la que no podré negar mi realidad de pecador. Dejará que la salud me juegue una mala pasada, de modo que tendré que reconocerme vencido y entregarme indefenso al amor del Padre. Él me hará comprender, sin lugar a dudas, lo limitadas que son mis facultades.

Pero lo que es nuevo es que, desde ahora, esas debilidades ya no representan un peligro, sino que constituyen para mí una posibilidad de entrar en contacto con Dios. Por eso, poco a poco, debo dejarme domesticar por ellas. No considerarlas ya como un aspecto inquietante de mi personalidad, sino como una dimensión querida o aceptada por el Padre; no como un inevitable mal menor, sino como una estructura fundamental del orden de la Vida divina tal como me ha sido donada. Desde ahora, cuando me encuentre de golpe ante una fragilidad que no había descubierto, mi primer reflejo no será ya el pánico, sino preguntarme dónde se esconde ahí el Padre.

¿Cómo no hacerse entonces una pregunta?

Esta transformación de la debilidad —que nos parece claramente un fracaso— en una victoria del Amor, ¿es una especie de "recuperación" a través de la cual Dios transforma el mal en bien? ¿O estamos, por el contrario, en presencia de una dimensión fundamental del orden divino?

Habría mucho que decir sobre este asunto. Es suficiente constatar simplemente que, incluso en el orden natural, todo amor auténtico es una victoria de la debilidad. Amar no consiste en dominar, en poseer, en imponerse a la persona amada. Amar es acoger inerme al otro que viene hacia mí; a cambio, se tiene la certeza de ser plenamente acogido por la otra parte, sin ser ni juzgado, ni condenado, ni comparado. Entre dos seres que se aman no hay lugar para las pruebas de fuerza. Hay una especie de inteligencia mutua que nace del interior, por la cual desaparece el miedo a que, de parte del otro, pueda venir algún tipo de peligro.

Esta experiencia, aunque siempre imperfecta, resulta ya convincente. Y sin embargo no es más que un reflejo de la realidad divina. Desde el momento en que, en nuestro corazón, comenzamos a creer de verdad en la ternura infinita del Padre, nos sentimos de algún modo empujados a descender cada vez más en un camino de aceptación positiva y gozosa de no-tener, no-saber, no-poder. No hay en esto ninguna autohumillación malsana. Simplemente estamos penetrando en el mundo del amor y de la confianza. Así, casi sin darnos cuenta, entramos en comunión con la vida divina. Las relaciones del Padre y del Hijo en el Espíritu son, a un nivel que supera totalmente nuestra comprensión, una forma perfecta de esta debilidad plenamente asumida en la comunión.

De un modo que nos resulta más cercano, esta ternura íntima del tres veces Santo se manifiesta en la relación del Hijo encarnado con su Padre. ¡Cómo no quedar impresionado ante la serenidad y la infinita seguridad con que Jesús declara tranquilamente que no tiene nada suyo, que no puede hacer nada por sí mismo, sino lo que ve hacer al Padre! ¿Quién sería capaz de aceptar una indigencia de ese tipo? Y sin embargo, ¿no es esa la dirección en que debemos adentrarnos si queremos realmente vivir en las profundidades de nuestro corazón, tal como el Padre lo ha creado y tal como Él lo transfigura por la muerte y la resurrección de su Hijo?

María nos orienta en la misma dirección. El Magníficat es al mismo tiempo un canto de triunfo y el reconocimiento de una indigencia total. Las dos cosas van de la mano. Desde el principio, ella ha reconocido y aceptado su total debilidad: así puede a acoger al Hijo que le da el Padre. Se convierte en Madre de Dios por ser la persona más cercana a la pobreza de Dios.

***

Entrar en el silencio

Siguiendo el camino del que hablo, es normal que progresivamente la actividad intelectual se apacigüe durante el tiempo de la oración; del mismo modo, en la medida en que se van canalizando las emociones del corazón, las distracciones y divagaciones pierden su razón de ser. En otras palabras, con un movimiento casi espontáneo, la Oración del corazón nos orienta hacia el silencio. Algunos días, la experiencia es más fuerte y nos encontraremos inevitablemente expuestos a lo que se podría llamar la "tentación del silencio".

El silencio es un bien que ejerce una fuerza seductora sobre todos los corazones que lo han saboreado alguna vez. Pero hay muchas formas de silencio. Y no todas son buenas. La mayoría de ellas son incluso deformaciones, más que una auténtica oración de silencio.

La primera tentación es hacer del silencio *un actuar*, por mucho que uno esté íntimamente persuadido de lo contrario. Con el pretexto de que la inteligencia se ha detenido, que el corazón parece estar en reposo, nos imaginamos que hemos alcanzado un verdadero silencio del ser. En realidad, aunque sea indiscutiblemente auténtico, este silencio es el resultado de una tensión de la voluntad que, en último término, es el actuar más sutil, y también el más pernicioso. En lugar de llevar nuestro corazón a un estado de disponibilidad, nos mantiene en un estado en que nos imponemos una actitud artificial y en que, en último término, precisamente por habernos apoyado en nuestras propias fuerzas, no ofrecemos al Señor una acogida. Para aquellas personas que tienen una voluntad enérgica, esto puede representar un gran obstáculo de cara a vivir una verdadera disponibilidad ante el Señor. Materialmente hablando, el silencio es grande, pero se trata de un silencio replegado sobre sí mismo, apoyado en sí mismo.

Otra tentación consiste en querer hacer del silencio *una meta*. Nos imaginamos que el silencio es la razón de ser de la oración del corazón e incluso de toda existencia contemplativa. Nos detenemos en una realidad material, y no en la Persona del Padre, o del Hijo o del Espíritu. Lo que cuenta es *mi* estado, y no la relación real de amor y de disponibilidad que tengo con Dios. Eso no es ya oración, sino contemplación de uno mismo.

Una tentación análoga a la anterior consiste en considerar el silencio como una realidad en sí misma. El silencio nos basta. Desde el momento en que todos los ruidos de los sentidos, de la inteligencia, de la imaginación se calman, nos llena un gozo auténtico... y eso basta. Ya no buscamos nada más. Dejamos de buscar cualquier otra cosa. Todo aquello que introduzca de nuevo una idea cualquiera, incluso sobre el Señor, incluso viniendo de Él, nos parece un obstáculo. La única realidad divina es, en ese momento, el silencio. Ya no hay oración. Ya no hay más que la construcción de un ídolo que se llama silencio.

Esto no impide que un auténtico silencio sea una realidad muy importante, a la que hay que reconocer un gran valor. Pero si queremos entrar en un silencio auténtico, es preciso, en el fondo del corazón, renunciar al silencio. No desprestigiarlo, no subestimarlo, no renunciar a buscarlo, pero evitar hacer de él un fin en sí mismo.

Sobre todo, hay que evitar creer que el verdadero silencio es el resultado de mi esfuerzo personal. No tengo que construir el silencio pieza a pieza, como una obra que se fabrica. Con demasiada frecuencia imaginamos que el silencio consiste únicamente en establecer la paz en las facultades intelectuales, en la imaginación, en la sensibilidad. Eso es un aspecto del silencio, pero no es todo el silencio. Es preciso aún que nuestro corazón profundo, en la medida en que se identifica con la voluntad, esté en silencio; que se aplaque todo deseo que no sea el de hacer la voluntad de Dios. Es decir, que mi querer, en lugar de estar en tensión hasta imponerse al resto de mi ser, sea pura disponibilidad, escucha y acogida. Entonces se abre la posibilidad de entrar en un auténtico silencio de todo el ser frente a Dios, un silencio nacido de la conformidad real de mi ser profundo con el Padre, del que es Imagen y Semejanza.

Solo Dios basta: todo lo demás es nada. El auténtico silencio es la manifestación de esta realidad fundamental de toda oración. Verdaderamente hay silencio en el corazón desde el momento en que desaparecen todas las impurezas que se oponían al Reino del Padre. El verdadero silencio solo se establece en un corazón puro, en un corazón que se ha vuelto semejante al Corazón de Dios.

Por esta razón, un corazón verdaderamente puro puede guardar un completo silencio, incluso cuando está sumergido en todo tipo de actividades, porque ya no hay disonancia entre él y Dios. Aunque su inteligencia y su sensibilidad sigan activas, por estar en conformidad con la voluntad de Dios, el silencio auténtico sigue reinando en ese corazón.

«Bienaventurados los limpios de corazón, porque verán a Dios».

Navidad 1983

LA ORACIÓN TEOLOGAL

Hace algunos años, traté de hablarte de la oración del corazón. No fue más que una introducción a un asunto muy amplio —demasiado amplio quizá—, precisamente por ser muy simple. Siempre nos resulta difícil identificar y formular las cosas simples. Hoy quisiera hablarte de la oración teologal, que es, en realidad, otra manera de acercarse a la Oración del Corazón.

¿Qué significa esta fórmula: "oración teologal"?

Quiere evocar una orientación del corazón que se apoya sobre las tres virtudes teologales: la fe, la esperanza y el amor. Supongo que esto representa para ti algo muy preciso: son, en pocas palabras, las capacidades que Dios nos da, por gracia, para poder alcanzarle —*a Él*— directamente. Mientras que las otras virtudes, las virtudes morales, tienen que ver con los medios que nos ayudan a caminar hacia Dios.

Encontramos en esto, de nuevo, una orientación esencial de la oración del corazón: mira directamente al Corazón de Dios. Mi corazón profundo busca un encuentro directo con Dios: no solo un encuentro afectivo con su Bondad, una suerte de experiencia de la ternura de Dios, saboreada profundamente en lo más secreto, pero solo a un nivel humano. No es exactamente eso. Me refiero a una posibilidad que el Padre me ofrece: Él viene a mí y, más allá de todos los medios o intermediarios, hay un encuentro porque Él así lo quiere y me da esa posibilidad.

Me pregunto si no querrías detenerme de inmediato para preguntarme: "¿Por qué insistir tanto en lo que parece una evidencia? Orar es buscar a Dios, es tender hacia un encuentro que sea lo más inmediato posible entre Él y yo en el Amor". Precisamente, me parece que, con demasiada frecuencia, en lugar de orar de esa manera, perdemos nuestro tiempo y nuestras energías en actividades que, de oración, quizá no tienen más que las apariencias. No es ya Dios, *sino el yo de cada uno* lo que se convierte en el centro de interés de nuestro actuar. Todos tenemos esa experiencia, pero quizá no siempre sacamos las consecuencias correspondientes. Para ilustrarlo, permíteme que te cuente una historia vivida.

En el curso de mi oración, tuve una experiencia. Sé que muchas otras personas han vivido una experiencia análoga. Por el modo en que me impresionó y por cómo ha influido en el resto de mi vida, pienso que puede ser útil dedicarle algunas palabras. Yo era entonces adolescente; un día, aparentemente por casualidad, doy con un volumen de las obras de la gran santa Teresa. Esa lectura transformó mi existencia. De algún modo, hizo brotar instantáneamente una fuente en el fondo de mi corazón, una fuente cuyo contenido no sería capaz de describir, pero de la que, en cambio, supe que establecía entre mi corazón y Dios una relación infinitamente profunda y verdadera.

Esta fuente era tan abundante como para llenar mi vida entera. Ella me ha conducido hasta mi celda de Cartujo, donde respondía a todas mis necesidades, tanto las de la soledad como las de la liturgia. Podía, incluso sin hacerme preguntas, volver siempre a mi fuente sin ser engañado jamás.

Sin embargo, un día se insinuó y luego se consolidó una duda: ¿Qué me daba esta fuente? ¿Respondía verdaderamente al deseo último de mi corazón? En otras palabras, ¿lo que encontraba en ella era a Dios? ¿O bien —y aquí la pregunta se volvía dolorosa— en último término me encontraba a mí mismo, por más que por ese medio me llegara el reflejo de Dios que me tenía cautivado desde hacía años? La cosa se hizo cada vez más clara: la fuente no era Dios, mientras que yo tenía sed solo de Él. Así pues, era preciso abandonar mi querida fuente. Si hubiera sido posible, la habría secado, la habría obstruido, pues la veía ya como un obstáculo: tomaba, en mi corazón, el lugar de Dios. Y fue entonces cuando descubrí la necesidad de encontrar el medio, la actitud del corazón por la que abriría la puerta directamente a Aquel que llevaba tanto tiempo llamando en vano, porque en mi oración yo me ocupaba ante todo de mí.

Me he entretenido en este episodio para dar un ejemplo de lo que me parece una de las trampas inevitables de la soledad: con el pretexto de buscar a Dios, nos encontramos finalmente con nosotros mismos de manera muy piadosa, hasta el punto de que hacemos de eso nuestra felicidad. ¿Cómo escapar de este engaño?

Otra dificultad salta a la vista, tanto en mi vida personal como en la vida religiosa de quienes me rodean. Aunque las relaciones que mantenemos con nuestro entorno sean cordiales, sería difícil afirmar que estamos siempre dispuestos a establecer con los demás verdaderas relaciones de intimidad. Si es así con mi hermano, al que veo, ¿cómo imaginar que no se produce el mismo fenómeno con Dios, al que no veo? Si hay un ámbito en que el sacramento del hermano es eficaz es el del encuentro auténtico con el Señor, el Amado. La ventaja del sacramento del hermano es que se sitúa en un nivel en el que es difícil negar un cierto número de evidencias que, en cambio, se nos escapan fácilmente cuando, en nuestro corazón, tratamos de preparar los caminos del Altísimo.

¿Qué me dice la experiencia del encuentro con mi hermano? ¿Soy suficientemente acogedor como para dejarle entrar en mi yo profundo? O, por el contrario, ¿estoy armado de defensas, de corazas, de rechazo? Estos baluartes interiores forman parte de mi fisonomía secreta; y por tanto juegan necesariamente un papel en la oración, obstaculizando el paso del Señor, que busca el camino que conduce al santuario íntimo de mi corazón.

Si atiendo ahora a la búsqueda del encuentro con mi hermano en el otro sentido, es decir, cuando soy yo quien se esfuerza por ir hacia él, ¿lo hago mejor? No lo creo. Pienso, por ejemplo, en todas las formas de agresividad que, instintivamente, uso frente a cualquier otro: con demasiada frecuencia, adopto una actitud que no tiene nada que ver con el respeto y la atención delicada y cariñosa que él tendría derecho a esperar de mí. Quizá sea una forma de miedo hacia él o hacia mí, pero el hecho es que esos reflejos entran en juego en mis relaciones con mi hermano… y con el Señor.

Perdona que me haya extendido en estas consideraciones que quizá te hayan parecido tediosas o desalentadoras, pero el mismo Jesús nos da este consejo: *«Antes de ponerse a edificar una torre, hay que sentarse y hacer cuentas, no vaya a ser que nos embarquemos en una empresa que supera nuestras fuerzas y tengamos que dejar la obra a medio hacer»* (cfr. Lc 14, 28). En nuestro caso sucede lo mismo. ¿No sería una broma pesada hablar de construir la torre del encuentro íntimo con Dios sin molestarse siquiera en saber si tenemos un terreno libre en el que poner los cimientos? Es inútil tender a un encuentro verdadero de mí mismo con el Padre en la libertad de los hijos de si no tomo conciencia, desde el inicio, de que estoy atado de mil maneras, y que liberarme representará una tarea considerable que, en último término, solo el Señor podrá realizar plenamente.

***

En realidad, tengo la impresión de no ser para Dios un compañero muy atractivo. ¿Pero es esa la respuesta que Él espera de mí? Dios ha enviado a su Hijo para encontrarme, a mí, tal como soy, en la realidad en la que vivo, hoy. Desde este punto, es preciso intentar contemplar la situación desde una mirada de fe. ¿El proyecto de Dios es entrar en comunión con seres sin mancha, sin defecto, sin debilidad? ¿No nos dice Él mismo todo lo contrario? El Padre ha enviado a su Hijo para llevarnos sobre sus hombros, perdidos y heridos como estamos, y para conducirnos al redil, donde se vive una inmensa alegría al ver a los pecadores que acogen a Jesús en su corazón.

Así, poco a poco, nos acercamos a lo que constituye la oración teologal: el encuentro en mi ser real de hoy con Dios que viene a mí, no para rechazarme, ni para condenarme, sino para hacer de mí su hijo pequeño, nacido de Él en la fe: «*A los que creen en su nombre, les dio poder de ser hijos de Dios*» (Jn 1, 12). El tres veces Santo no pone como condición previa a nuestro encuentro que yo sea perfecto, que yo haya cumplido obras importantes en el pasado para poder ofrecérselas, ni que yo sea capaz en el futuro de prestarle buenos servicios. Todo eso no le interesa. No pone ninguna condición. El único elemento indispensable para que pueda producirse el nacimiento es que yo tenga fe en su amor y que desee sinceramente ser transformado. Si puedo ofrecerle una pequeña muestra de esa fe, entonces ¡todo es posible!

Es simple. Es infinitamente simple. Y quizá por eso sea tan difícil para mí. Un poco como lo que sucedió a Naamán el sirio. Estaba dispuesto a someterse a toda clase de exigencias difíciles, pero ni siquiera acepta la idea de que Dios pueda curarle si se baña simplemente en el Jordán confiando en la palabra de Eliseo.

Me gustaría muchísimo más decirme a mí mismo que la calidad de mi encuentro con Dios es obra mía. Lo que agradaría a Dios y le atraería hacia mi corazón serían mis cualidades, mis virtudes. Me haría santo, a mis ojos y a los ojos del Altísimo, gracias a mis esfuerzos. ¿No es ese el programa que más nos seduce, aunque sea costoso y exigente?

Por el contrario, el programa propuesto por Dios nos desconcierta de tal manera que dudamos infinitamente antes de lanzarnos y, si empezamos a dar un tímido paso, tenemos la impresión de que a nuestro deseo de agradar a Dios le falta seriedad.

Y, sin embargo, ¿no es ese el sentido de la primera bienaventuranza? *"Bienaventurados los pobres de espíritu, porque suyo es el Reino de los Cielos"*

(Mt 5, 3). ¿Qué Reino, sino el que pedimos mil y una veces en el Padrenuestro?

"Padre, santificado sea tu Nombre, venga a nosotros tu Reino". El Reino que se nos propone consiste en poder glorificar el Nombre del Padre; poder decirle que Él es verdaderamente nuestro Padre, pues nos engendra como a hijos pequeños. Pero es preciso ser pobres. Y eso nos llena de miedo. Todos estamos expuestos a la tentación del joven que se retiró triste porque tenía grandes riquezas. Y aunque todas nuestras riquezas son en moneda falsa, nos da seguridad tenerlas, pues tenemos miedo de ser pobres de espíritu, radicalmente en lo más profundo de nosotros mismos.

Ese es quizá el principal obstáculo que nos disuade de comprometernos de verdad en la oración del corazón. Parece que está por encima de nuestras fuerzas presentarnos ante Dios sin tener nada más que ofrecerle que nuestra pobreza. Una pobreza de la que tenemos miedo: la pobreza de nuestras heridas; la de nuestra radical indigencia espiritual; la de nuestra incapacidad, por nuestras solas fuerzas, de superar la distancia que nos separa de la Santidad de Dios.

***

Así pues, quiero hablarte de este camino, porque me parece que corresponde a lo que el Señor nos pide: tender hacia un encuentro entre Él, tal como es realmente, y yo, tal como soy en toda verdad.

Primera pregunta: ¿cómo alcanzar a Dios tal como es?

Cuando hablamos de Él, a menudo es más sencillo responder de manera negativa que de manera positiva. Es más fácil decir lo que no es Dios que decir lo que es. Simplificando un poco las cosas, admitamos que, en último término, es imposible saber verdaderamente quién es. Con nuestras facultades naturales, no disponemos de ningún medio para entrar directamente en contacto con Él. ¿Es entonces una causa perdida de antemano? No, pues el Todopoderoso, desde siempre, desea encontrarse con nosotros y se ha implicado por completo en esta búsqueda.

Para mí resulta imposible alcanzarle por mis propios medios. Pero para Él... Él puede, cuando quiera, superar la infinita distancia que nos separa. Como dice san Juan: *"La luz verdadera ilumina a todo hombre"* (cfr. Jn 1, 9). En el fondo de todo corazón humano brilla esta llama que le plantea la pregunta: *"¿Me quieres a mí?"*. Y la respuesta global es la de Juan: *"Vino a los suyos* (a ti, a mí...), *y los suyos no le recibieron"* (Jn 1, 11). El Padre de la viña envió a sus siervos los profetas, y los viñadores los asesinaron. Y, finalmente, envió a su propio Hijo. Y es Él quien, todavía hoy, llama a la puerta de tu corazón.

Jesús —si me atrevo a decirlo así— no es más que eso: el que ha sido enviado por el Padre. Es una de las ideas mayores que dominan la oración sacerdotal (Jn 17). *"Ellos han creído que Tú me enviaste".* Y desde el momento en que Jesús hace que sus discípulos acepten la certeza de que Él es el Enviado del Padre, ha cumplido su misión y vuelve junto al Padre. Desde entonces, se ha establecido entre nosotros y Él una apertura permanente.

¿Cuál es la apertura permanente que atraviesa los cielos de ese modo y nos permite alcanzar al Dios inaccesible? Es *la fe.* La fe de los discípulos no ve el rostro del Padre, pero en el rostro de Jesús ha visto al Padre. De manera análoga, el testimonio de Jesús nos alcanza en la palabra de los apóstoles que nos llega todavía hoy: *"No ruego solo por estos, sino por los que van a creer en mí por su palabra: que todos sean uno; como Tú, Padre, en mí y yo en Ti, […] para que sean uno como nosotros somos uno"* (Jn 17, 20.22).

Nuestra fe es fruto de la oración de Jesús. Es la convicción del corazón, cuya raíz está en Dios mismo, de que Dios viene a nosotros, ahora, a través de su Hijo, por su Palabra, su Iglesia, sus

Sacramentos, en el Espíritu que nos ha sido dado definitivamente.

Ahí está el punto decisivo: solo la fe nos permite acoger verdaderamente al mismo Dios, que viene a nosotros. Ella no ilumina nuestra inteligencia sobre Él. Permanecemos en tinieblas, pero nos sentimos seguros, porque hemos descubierto un más allá de las luces de la inteligencia: el Amor del Padre que la inteligencia no sabría captar, pero cuya verdad descubre en la estabilidad que le da la fe.

En la fe que transforma tu corazón, puedes acoger a Dios mismo, presente en ti por su Espíritu: *"El amor de Dios ha sido derramado en nuestros corazones por el Espíritu Santo que se nos ha dado"* (Rm 5, 5). Ahí tienes el medio verdadero, eficaz, *de alcanzar a Dios*, en la persona del Padre, en la del Hijo y del Espíritu, en su ternura, su fidelidad, su misericordia por ti y por toda criatura.

***

Quizá hayas percibido, hasta ahora, una especie de vacilación por mi parte a propósito del modo en que la fe se implanta y crece en nuestro corazón. Es verdad: se trata de un punto delicado y no quisiera ahogarlo en largas explicaciones teóricas. Al final, me he dicho que lo más seguro era, simplemente, ver cómo actúa Jesús en el Evangelio. Los relatos de la Pascua nos ofrecen dos ejemplos notables.

En contextos aparentemente muy diferentes, María Magdalena y los discípulos de Emaús llegan a la fe en Jesús resucitado por itinerarios espirituales tan parecidos entre sí que se pueden considerar como una descripción simbólica de aquel itinerario hacia la fe plena que todos estamos destinados a recorrer si queremos ser fieles a la llamada que nos condujo al desierto.

Mira a los discípulos que caminan entristecidos por el camino que los lleva esa tarde de Jerusalén a Emaús. Van hablando y discutiendo mientras avanzan, pero su corazón está triste, sumido en las tinieblas, abrumado por el desánimo. Hasta entonces, su vida había sido iluminada por la predicación de Jesús, pero ahora Él está muerto, bien muerto. ¿A quién van a dirigirse ahora?

Y he aquí que Jesús llega de nuevo a su lado. Ellos no le reconocen, pero, sin ruido, desde las primeras palabras, vuelve a ocupar su lugar en unos corazones que está a punto de encender con una llama nueva. Luego, de repente, en el momento en que el misterioso forastero se pone a partir el pan, cae un rayo: ¡Es Él! En un instante, ha desaparecido, pero en sus corazones brilla la fe, una fe que ya no se extinguirá jamás.

Algo parecido le sucede a María Magdalena. Desolada por no poder recuperar al menos el cuerpo del Crucificado, se lamenta a la entrada del sepulcro. También ella parece haber perdido la fe auténtica en Jesús vivo; una sola preocupación la invade: han robado su cuerpo; si puede encontrarlo, irá a buscarlo, pues es todo lo que queda de su amado Señor.

De golpe, Él está allí, pero no le reconoce. ¿Ha intentado siquiera mirarle a la cara, perdida como está en sus recuerdos y en su idea de encontrar el cuerpo? ¿Está en situación de imaginar que ese extraño sea Él? Pero le basta una palabra: *"María"*, para que surja la luz. Por mucho que la aparte o la envíe lejos de Él, nada podrá ya arrancar la certeza que se ha apoderado del corazón de la Magdalena.

Es ahí donde el Evangelio del que venimos hablando nos revela el secreto que permite que la fe nazca en nuestro corazón. Nos la da Jesús mismo que, por iniciativa propia, viene como a hurtadillas, sin que le reconozcamos, para acompañarnos, encender un Fuego en nosotros… hasta que descubramos que es Él: se ha revelado a la luz de un nuevo día. Más allá de la muerte, está ahí, vivo, resucitado en nuestro corazón.

Apenas hemos tenido tiempo de advertir esta maravilla: Él ya ha desaparecido, pero permanece la luz que ha encendido en nuestro corazón. Es la luz de la fe, puro don gratuito que brota de su presencia misteriosa y es capaz de resistir la prueba del tiempo, de las tinieblas, de las contradicciones. La fe es esta luz salida del Resucitado, que brilla en nosotros e ilumina todo lo que tocamos para introducirlo en el misterio de la resurrección, más allá de las tinieblas mortales de las que antes éramos prisioneros.

Sin embargo, la fe nunca invade a la vez todas las profundidades de nuestra alma. De algún modo, avanza por oleadas sucesivas en las zonas que están aún en tinieblas y, cada vez se desarrolla más o menos el mismo escenario. Un día descubrimos que nuestra vida de oración parece atrapada en un callejón sin salida. Sí: los medios de que disponemos son insuficientes para ir más lejos; nos invaden el desánimo y la incertidumbre. Solo Jesús puede sacarnos de ese agujero. Cuando esa certeza empieza a surgir en nuestro corazón, es señal de que Él ha venido a nuestro encuentro en el camino y *"nos interpreta en todas las Escrituras lo que se refería a Él"* (cfr. Lc 24, 27). Misteriosamente, el Señor infunde la fe en nuestro corazón; cuando desaparece, las tinieblas han dejado lugar a la paz, a una luz discreta pero fuerte, que no nace de la lógica de nuestros razonamientos, sino que es un don gratuito del Espíritu, más sólido y más puro que todas las seguridades humanas.

***

La luz de la fe te hace entrar desde hoy mismo en la vida eterna, y es la única que puede hacerlo. Todo lo demás queda por debajo de lo que Dios nos ofrece desde el día en que Jesús resucitó. Las otras luces de la inteligencia, las otras experiencias espirituales —sobre las que nos gustaría a veces apoyarnos— son respetables, dignas de estima, pero, en último término, no son fuentes de vida más que en la medida en que son portadoras de fe.

La fe nos ha sido dada por Dios desde el bautismo, pero es un don que Él multiplica en nosotros según sea nuestro deseo de recibirlo, nuestra voluntad de hacerlo fructificar. Si dejamos nuestra fe inactiva por ignorancia o negligencia, se oxida, se esclerotiza, mientras gastamos nuestras fuerzas en ejercicios espirituales que nos gustan más, pero que no dan fruto.

Si quieres vivir de fe, necesitas desarrollar la que el Espíritu Santo ha depositado ya en ti: Dios espera que le pidas, con insistencia y perseverancia, que aumente tu fe. Puedes estar seguro: más que ninguna otra, esta es una oración que Dios quiere siempre escuchar, pues desea infinitamente más que tú verte progresar por los caminos de la vida eterna. Eso no impide que, sobre todo en los comienzos, tengas la impresión de que el Señor no tiene prisa por hacer que tu fe progrese. Eso prueba que tu fe era aún muy débil y que es preciso darle unas raíces ocultas, antes de que el tallo comience a desarrollarse. Así pues, no te desanimes si tus oraciones parecen vanas: no lo son en absoluto. Pon en práctica la fe de la que ya eres portador, creyendo firmemente que tu Padre del cielo te ha escuchado ya.

Entonces podrás comenzar a vivir cada vez más en la fe. Durante la liturgia, en los tiempos de oración, en el trabajo, tu corazón se pondrá más fácilmente en contacto con el Señor si *tú recibes de Él* el amor oscuro, a menudo poco gratificante, pero ¡qué divino! El amor que Él te da si le ofreces tu fe y no hermosas ideas o los juegos de tu sensibilidad. No tengo ningún truco que enseñarte. Tienes que pedir a Dios, *en la fe viva,* que sea Él mismo quien te enseñe a orar. Él ocupará tu corazón, tu atención, aunque no tengas una imagen precisa en la que fijarte. Estás en presencia del Señor, que está vivo.

***

Con total naturalidad, si permites que la fe se desarrolle en tu corazón, un día descubrirás en ti una esperanza que obra. Ya estaba activa desde el principio, en la medida en que tu fe se basa en la certeza de que eres amado por el Señor. Esta certeza es ya un aspecto de la esperanza, desde el momento en que no se trata ya solamente de entrar en la realidad del mundo divino, sino de percibir claramente hasta qué punto tú —también tú— existes para Dios. Tienes valor a sus ojos. Él está dispuesto a dar el universo entero solo por ti.

Este es el punto de partida de la esperanza: saber que Dios te ama —a ti— de manera única. Nadie podrá tomar tu lugar en su corazón. Él ha entregado a su Hijo por ti y te lo entrega cada día en la celebración eucarística. Fortalecido por esta certeza, puedes rogar a tu Padre sin cesar ni dudar, pues ruegas en Nombre de Jesús. Ciertamente serás escuchado, y los frutos de tu oración serán siempre mejores de lo que esperabas.

Hay otro aspecto de la esperanza que a menudo pone a prueba nuestra pobre inseguridad humana. Desde el momento en que sé que Dios me ama de una manera única y, en consecuencia, ha tomado a su cargo mi existencia, todo es diferente. Me conduce por caminos desconocidos en los que dependo solamente de su luz, de su fuerza, de su amor. Me pide entonces, en el sentido más banal de la palabra, que confíe en Él. A menudo en la oscuridad, en la incertidumbre, pero finalmente en la paz… si no me suelto de su mano y no me aparto de su corazón.

"Bienaventurados los pacíficos, porque serán llamados hijos de Dios". Más allá de todas las inquietudes que provienen de ti o de los demás, el Padre te pide que le ayudes a que reine la paz en tu corazón por una única razón. Una razón más fuerte que todas las razones humanas: que Él te ama y que, constantemente, vela por ti. ¡Cuántas tormentas quiere apagar en tu corazón, si escuchas su llamada a confiar en Él! Y entonces, te llamarán hijo de Dios… y lo serás verdaderamente (cfr. 1 Jn 3, 1).

Esta esperanza no vale solo para a ti, sino también para todas las personas a las que amas; si intercedes por ellas, si te identificas con sus necesidades… pero también con la realidad del amor que despiertan en el Corazón de Dios. Eres escuchado según la medida de la confianza que tienes en este doble amor del Señor: por ti y por las personas que amas.

La esperanza —como la fe— no es una capacidad natural de tu corazón. Claro que es tuya, pero es un don gratuito. Está en ti desde el bautismo, y necesita crecer, hacerse "operativa" bajo la acción del Espíritu Santo y gracias a las oportunidades de entrenarla, de ablandarla, que aprovechas para que te mantenga —precisamente a ti— disponible y alerta en manos del Señor. Pero no olvides que debes ejercitarla, hacerla trabajar con valentía para llegar ahí. A cambio, ¡qué alegría saber —en la fe— que el Señor mismo encuentra su felicidad en ti!

***

Queda la última de las teologales, la más grande según san Pablo: la caridad, el amor. La caridad se mueve en tres registros: el amor al Señor, el amor al otro, el amor ti. Esos tres amores no son idénticos, pero nacen de la misma raíz: los tres son a imagen del amor eterno que une al Padre y al Hijo en el Espíritu. Exactamente el mismo Espíritu que se nos dio de manera estable después de Pentecostés y que nos permite amar como aman el Padre y Jesús.

Este amor divino tiene, ciertamente, puntos comunes con el amor humano que, a su vez, es en nuestros corazones un reflejo de Dios, puesto que Dios es Amor. Así, todo amor verdadero, tenga los límites que tenga, nos remite a Dios, aunque lo haga a menudo de manera lejana. Pero, más aún que la fe y la esperanza, el amor divino que nos interesa aquí es un don nuevo, que brota directamente del Corazón de Dios. No es una técnica, aunque hayamos de aprender, paso a paso, a introducirlo en la realidad de nuestra vida. No es una técnica: es el impulso mismo que constituye a las Personas divinas. Se nos da en el modo de la participación, para que podamos vivir a su imagen.

En ti, la realidad del amor se reconoce por el modo en que puedes mirar a una persona: si eres incapaz de condenarla, de no respetarla, de no admirarla, entonces eres ante ella de una pobreza completa, y no te quedas con nada de lo que le puedes dar. Al mismo tiempo, aspiras a recibir de su parte una plenitud análoga, no como un derecho que pudieras reclamar, sino como cumplimiento de tu amor.

No debe confundirse el amor teologal con los grandes impulsos apasionados que despiertan grandes oleadas en nuestro corazón o en nuestra sensibilidad. No es que esos impulsos se opongan necesariamente al amor verdadero, pero se encuentran a otro nivel. La caridad verdadera no pasa, ni en este mundo ni en el otro. Las grandes pasiones son como las olas del mar: violentas, a veces potentes, pero cambiantes, y capaces de dejar paso a un mar en calma.

La experiencia parece mostrar que el amor más difícil de desarrollar en nuestro corazón —sobre todo en los comienzos— es el amor a nosotros mismos. Este no tiene nada que ver con el egoísmo, con el amor propio o con el repliegue sobre uno mismo. Es un don del Altísimo que nos llega porque somos sus hijos pequeños: cualesquiera que sean las miserias propias que podamos descubrir, en cierto sentido no cuentan nada al lado de esta divinización. Ella despierta en nosotros admiración, alegría, respeto, amor, en la luz y la transparencia. No descuides nunca este amor a ti; si fuera demasiado débil, toda la comunión con Dios se resentiría.

Es preciso releer el discurso que sigue a la Última Cena y la primera Carta de san Juan si se quiere escuchar lo que nos dice el Corazón de Dios sobre el amor a los demás. Tienes ocasión de practicarlo sin cesar en la vida ordinaria, pero debes desarrollarlo, profundizarlo sin descanso en la oración, abriendo más cada día tu corazón al del Padre y al de Jesús.

En cuanto al amor a Dios, es el único fin de estas páginas. Un fin del que hemos recibido las arras desde el comienzo de la vida espiritual, pero del que no podemos esperar la plenitud antes de la Parusía. Entonces, en cuerpo y alma, en la comunión de todos los santos, veremos que Dios se da a nosotros y nosotros seremos capaces de acogerlo.

***

Después de haber evocado brevemente el rostro de las tres virtudes teologales, quisiera decirte algo de lo que me parece un rasgo absolutamente distintivo de la oración teologal. Al comienzo de estas páginas, te decía que tiene por objetivo hacernos alcanzar a Dios —a *Él*— directamente. Eso es lo que querría precisar con mayor rigor. La oración teologal nos pone en relación personal con Alguien, y no con algo: es un encuentro verdadero entre tú y el Padre, o su Hijo, o el Espíritu de uno y otro. No los alcanzas ya por la mediación de unas ideas —por más que sean sublimes— o de contemplaciones intelectuales del misterio. La palabra de Jesús, que fundamenta nuestra fe, desemboca directamente en su Corazón, sin intermediario, como lo hace sobre el

Padre o sobre el Consolador, en la simplicidad de la unidad divina.

¿Has notado cómo, a lo largo del Evangelio de san Juan, el reproche que Jesús dirige a los "Judíos", que no pueden o no quieren creer, es siempre el mismo? Que son incapaces o se vuelven incapaces de acogerle. Oyen las mismas palabras que los discípulos; son testigos de los mismos signos; son herederos de las mismas promesas; pero permanecen lejos de Jesús; no entran en contacto con Él. No hacen más que proyectar sobre Él sus razonamientos y sus teorías en lugar de verle —a Él mismo— y dejarse iluminar hasta el fondo del corazón. No creen. Quieren mantener una distancia entre aquellas ideas de las que se sienten propietarios y la realidad del don de Dios, que les obligaría a despojarse de todo y abrir su corazón a la Persona del Hijo.

Es un poco lo que vivimos —también nosotros— en la medida en que, a la manera de los "Judíos", nos aferramos a todas las *cosas* creadas que nos tranquilizan, en lugar de abandonarnos a la Persona divina que no tiene *nada* que darnos más que a sí misma. La oración teologal, ¿no es precisamente ese don de nosotros mismos, sin límite ni restricción, a Aquel que nos ama?

***

Necesito detenerme largamente en ella, pues es verdaderamente una oración teologal. Mira a Dios, y solo a Él: *"Señor, ten piedad de mí, que soy un pecador"*, a diferencia de la oración en que el fariseo se complace hablando de su propia persona. La del publicano es una oración que agrada a Dios. Jesús mismo nos lo garantiza. Es una oración que nos concierne a todos, pues no tenemos otra cosa que decir más que implorar la misericordia divina por nuestra condición de pecadores.

Es muy importante reconocer, así, que nuestro pecado nunca nos impide presentarnos ante el Padre de las misericordias. ¡Todo lo contrario! Solo Él puede compadecerse y hacer que —en el misterio de su ternura y de su poder— seamos justificados, seamos hechos gratos, seamos recibidos con benevolencia, porque hemos creído que Él es compasivo y lleno de misericordia.

Insisto en este punto, porque me parece que constituye verdaderamente el meollo de la oración teologal de esos pobres herederos de Adán que somos. Algunas tradiciones espirituales distorsionadas y una "educación cristiana" estrecha hacen que, en la inmensa mayoría de los casos, el pecador esté íntimamente convencido de que a los ojos de Dios no tiene ya derecho a existir; que lo mejor que puede hacer es huir, huir lo más lejos posible del implacable vengador de los Cielos.

¡Qué caricatura del Evangelio! *"Tanto amó Dios al mundo que le entregó a su Hijo Unigénito, no para condenar al mundo, sino para salvarlo..."* (cfr. Jn 3, 16-17). Se podrían añadir en el mismo sentido otras citas del Evangelio y de las Cartas apostólicas. El pecado se ha convertido en revelador de la infinita profundidad del amor del Padre por sus hijos pequeños.

Todos tenemos vocación de publicano, porque todos somos pecadores llamados a la intimidad con Dios. Él no nos dice: "Ve primero a purificarte y luego te presentarás ante mí". Al contrario, si reconocemos la verdad de nuestra pobreza, y nos dirigimos a su misericordia, Él nos llama: "Ven que te purifique. Ven a alegrar mi corazón y al cielo entero".

La paradoja del amor divino es tan fuerte que no me parece excesivo decir que la oración del Publicano es, para nosotros, la única forma normal de oración teologal. No podemos presentarnos ante Dios sin obstáculos en nuestro corazón: pecados, huellas dejadas por el pecado, obstáculos involuntarios —pero reales— para que se cumpla la obra de Dios en nuestras vidas, etc. Todos y a todas horas nos presentamos ante nuestro Padre a la manera del hijo pródigo, seguros de que Él nos tomará en sus brazos antes de que hayamos comenzado nuestras excusas.

Habría mucho que decir en este sentido sobre la oración de sanación, la oración de esos incontables pecadores, débiles y enfermos, de los que el Evangelio nos cuenta que son purificados por la presencia de Jesús, por una palabra de su boca, por un simple gesto suyo. Y es verdad, es siempre verdad: ¿quién puede hablar de las curaciones —instantáneas o progresivas— de almas heridas, de corazones atrapados como en una cárcel, de sensibilidades enturbiadas que, en el secreto de una oración dirigida directamente a Jesús, se han curado, han resucitado en la medida en que han creído en Él, han tenido confianza, han procurado amarle?

En ese caso se trata verdaderamente de una oración teologal. Tiene lugar un encuentro con el Hijo de Dios, un intercambio: "*Él tomó nuestras dolencias*" (cfr. Mt 8, 17), mientras la vida divina comienza a brillar en nuestros corazones. No nos da solamente un consuelo: nos hace partícipes de su propia vida.

¿No es también una oración de publicano la oración de Jesús que, desde hace siglos, los hesicastas repiten incansablemente? El propio texto está tomado en parte de la fórmula que

Jesús pone en labios del publicano. *"Jesús, Hijo de Dios, ten piedad de mí pecador"*. Generaciones de monjes no han tenido otra oración interior, y esta les ha conducido a la intimidad silenciosa con Dios, en el fondo de su pobreza.

***

"Busco tu rostro, Señor. Señor, no me escondas tu rostro" (cfr. Sal 27 [26], 8-9). Este versículo del salmo, entre muchos otros, permite intuir el profundo deseo del Señor que anima muchos corazones. ¿Encuentran el medio de alcanzar lo que buscan? ¿No son muchos los que se pierden por el camino, o bien, cansados por el fracaso de su esfuerzo, se sientan desanimados al borde del camino?

Me pregunto si esos buscadores de Dios a la deriva están recibiendo ayuda suficiente. Saberlo debería ser como una herida en nuestro corazón. Que el Padre misericordioso se digne escuchar nuestra plegaria por ellos.

Para terminar, debo reconocer la imprudencia que he cometido al comenzar estas páginas, cuyo tema supera infinitamente mi competencia. Gracias por perdonarme. ¡Amén!

Adviento 1988

PATMOS, LIBROS DE ESPIRITUALIDAD
Selección de títulos

ESTE LIBRO, PUBLICADO POR
EDICIONES RIALP, S. A.,
MANUEL URIBE, 13-15, 28033 MADRID,
SE TERMINÓ DE IMPRIMIR
EN ARTES GRÁFICAS ANZOS, S. L.,
FUENLABRADA (MADRID),
EL DÍA 24 DE ABRIL DE 2025.